美美咨询思想库丛书

老钱观美业4

钱浅 / 著

SPM 南方出版传媒 广东经济出版社

·广州·

图书在版编目（CIP）数据

老钱观美业 . 4 / 钱浅著 . —广州：广东经济出版社，2022.1
（美美咨询思想库丛书）
ISBN 978-7-5454-8189-1

Ⅰ . ①老…　Ⅱ . ①钱…　Ⅲ . ①美容—服务业—文集　Ⅳ . ① F719.9-53

中国版本图书馆 CIP 数据核字（2022）第 013018 号

责任编辑：易　伦
责任校对：李玉娴
责任技编：陆俊帆
特约编辑：宋小龙
插画作者：邝　飚
封面设计：闻伟男

老钱观美业 4

Laoqian Guan Meiye 4

出 版 人	李　鹏
出版发行	广东经济出版社（广州市环市东路水荫路 11 号 11～12 楼）
经　　销	全国新华书店
印　　刷	广州今人彩色印刷有限公司 （广州市番禺区大石街会江村石南二路冠美工业园子号楼）
开　　本	787 毫米 ×1092 毫米　1/16
印　　张	11
字　　数	102 千字
版　　次	2022 年 1 月第 1 版
印　　次	2022 年 1 月第 1 次
书　　号	ISBN 978-7-5454-8189-1
定　　价	100.00 元

图书营销中心地址：广州市环市东路水荫路 11 号 11 楼
电话：（020）87393830　　邮政编码：510075
如发现印装质量问题，影响阅读，请与本社联系调换
广东经济出版社常年法律顾问：胡志海律师

名人寄语

遇见此书，是一幸，当捧读，当思索，当洞彻。

——全国工商联美容化妆品业商会会长马娅

与其说这是一本行业研究分析报告、企业家管理方略，不如说它是每一位对美有着执着追求人士的心灵启迪之书，值得“悦”读。

——武汉当代科技产业集团股份有限公司董事长艾路明

这是一本关于美的书，写出了一位美业人的追求；这也是一本关于爱的书，道出了美业人的共同期待。

——国际专业美容师协会主席郑明明

能用“后腿”射门的球员绝对智慧地展示了一种意想不到的快乐态度！老钱就是这样的球员！

——央视著名评论员韩乔生

汲取智者的营养即为智慧，是极大的福报，感谢老钱的分享！

——著名主持人那威 

美丽需要传递，更需要分享，老钱就是这样一个有梦想的人。

——著名演员王姬 

推荐序一 把美的精神注入商业灵魂

艾路明
武汉市新洪村村委会主任兼党支书，武汉大学哲学学院博士生导师，武汉当代科技产业集团股份有限公司创始人、领军人，武汉华夏理工学院董事、监事长。

《老钱观美业》每一篇都把我们带到对美业发展历史的检视和反省、对美业发展现实的呐喊和关注、对美业未来变革的期许和希望中。

本书启迪我们，要在企业管理过程中把握美的规律、美的规则，创造美，发现美，表现美，把美的精神注入商业灵魂；在工作生活中体现美德、美行、美品，怀抱积极向上的美的心态。

与其说这是一本行业研究分析报告、企业家管理方略，不如说它是每一位对美有着执着追求人士的心灵启迪之书，值得“悦”读。

艾路明

推荐序二

遇见此书，是一幸

马娅

广东省政协第十届委员会委员，现任中华全国工商业联合会美容化妆品业商会会长、中国商业联合会副会长、中国展览组织专业委员会副主任、中国商业联合会会展联盟副主席、中国化妆品质量管理工作委员会副主任。

遇见此书，是一幸。

从创立第一届国际美博会开始，我为美业服务已有三十二年。在这三十余年中，美业历经风雨变迁，但我痴心不改，对美业的深情久而弥笃。

在美业人物里，钱浅快人快语的形象深深印刻在我心中。这些年，他带领着美美咨询集团承接下许多生美、医美企业棘手的战略与战术问题，努力推动行业发展，成功案例遍及全国各个区域市场。当钱浅说要出一本书点拨美业经营者的时候，我满怀期待，心里不免略带责备：这书，你早就该出了！

只是，钱浅并不急着批量写书，他有着异常固执的淬炼精品的理念。直待把事实的举隅更具代表性，方法论更为齐备且贴合实际，语言反复推敲之后，才将这五车腹笥奉献付梓，以飨各位美业企业家、高管和创业人士，我对此更为欣赏。

纵览本书，“观美业”鞭辟入里，袒露机锋，就好像一个充满谋略、直来直往又爱讲真话的人与你共沐朝晖、觥筹同饮，大倒心中块垒；将浮夸的、伪饰的表象撕裂开来，并不拘礼数，甚至有些“棒喝”意味地呈现观点，如快刀斩麻，干脆利落；一时间，如醍醐灌顶，让人蓦然觉醒，大呼过瘾，大受启发。实因钱浅感到问题严峻，把他人的经历过渡到自己身上来彻悟，这剂苦口良药实为甘芳纯酿，与知者共勉。从现实来说，面对迅速发展的美业，如今竞争日益激烈、产品同质化严重、消费需求更迭迅速、营销手段莫衷一是，更需要拨开云雾看青天。遇见此书，是一幸，当捧读，当思索，当领悟，当洞彻。

时至今日，美业变革创新发展，朝阳灿烂无限。美业越来越美，越来越有成熟的韵味，越来越昌盛繁荣。美业似一位时尚而善良的母亲，无私照顾着五亿消费人口的美丽健康和四千万从业大军的温饱生计。而展望未来则更令人无限欢喜，并倍感使命在肩。对于一群勤劳的耕耘者来说，无论岁月几何，面对恢宏、博大的美丽大业，我们都将永远是她的好孩子和勇敢的守护者。

推荐序三

难得，有心人

郑明明

全国政协委员，国际美容教母，国际专业美容师协会主席，世界十大知名美容女士之一，蒙妮坦学校创办人。

难得，有心人！

很高兴为钱浅先生写序。在我眼里，钱先生是一位美业追梦人，对美业的发展有着执着的追求。在《老钱观美业》里，从美业的发展到未来的预测，从一个美业人应有的操守到管理企业的标准，钱先生都详细地在书中分享了自己独到的见解。每个企业家的经验都是可贵的，能把自己的经验精心地整理、分析、整合、分享，钱先生这份对美业的心意实属难得。

我从事美容事业至今已有五十一年了，超过半个世纪的坚持，不倒翁精神始终陪伴着我和一代又一代的蒙妮坦人。我想每个企业家的经历都是不一样的，但是他们所走过的路途却是相似的，我相信成功路上并不拥挤，因为能坚持到最后的人并不多。我希望把不倒翁精神送给各位，这是我父亲送给我最大的财富，期望大家都像不倒翁一样，永远不被困难打倒。

近年来，美业发展一日千里，崭新的美容项目就像雨后春笋般出现，这开启了一个美业新时代，也预示着美业将会面临更多的挑战。关于一个全新的、美的世界，钱先生在书中进行了丰富全面、创新出彩的分享，我想这一切都能为美业同业者带来很有价值的参考。

难得，有心人！这是一本关于美的书，写出了一位美业人的追求；这也是一本关于爱的书，道出了美业人的共同期待。今后，期望能和各位美业同仁们继续携手并进，共同实现美业梦，为人民、为国家创造一个更美丽的社会！

自序

科学与理性护佑美业 健康前行

进入美业十六年，内心总有一团火焰在燃烧，催促我为这个行业做点什么。

美业处于一个变革的时代，呼啸而来的改变让我们应接不暇。作为商务部研究院每年《美容化妆品产业分析研究报告》的撰稿人之一，我能够应用大数据去对行业发展进程进行较为宏观的研究与分析。同时，对行业进行思索是我极大的兴趣，在学习与工作中，我总是会深度观察一些事件内在本质并形成自己的观点。我的很多观点都是孤立独存，但却彼此呼应，陆陆续续展示出当今美业现状与持续进化的图景，构成大美业的一个缩影。很显然，观点一定是百家争鸣的，我的只是那些不同认识中的一种。有些观点可能无法揭示本质，但我非常努力地去理解现实和未来，力图使这种理解对行业健康发展有所帮助和借鉴。观美业经济风起云涌，论万千创业起伏百态。在这本书中，除了事儿，还有一些人物。他们很多是美业的开创者，并推动了行业的快速发展，是行业改革和创新的实践者。毫无疑问，他们为美业发展铺平了道路，并正努力创新，开拓新的更广阔空间。他们令美业生机勃勃并送去了业态温暖，我们需要记住这些人，并传承他们对美业的希冀。

帮助别人、快乐自己是我的终生使命，美美咨询秉承夏尔巴精神，一路向上。我深爱并感恩这个能够给人带来幸福和快乐的行业，我愿为这个行业尽我所能，并毫无顾虑地去奉献我的青春与热血。

在此要感谢马娅会长、郑明明博士、微软前中国区总裁杜家滨先生所给予的大力帮助与指导，尤其要感谢马娅会长为本书作序，感谢邝飚老师为本书创作插图，感谢郭秀宽老师为本书筹划和编辑。我衷心地希望更多的读者能够从此书中受益。我希望以《老钱观美业》去引发全行业对美业现实与未来的高度关注和深度思索与评论。当每个有责任感的美业人把对美业的思索当成一种习惯，并以全新的价值观去探索，我相信美业将会迎来下一个春天。

愿科学与理性护佑美业健康前行。

目录
Contents

第一篇

生意的本质

老钱说，有能量和有能力大部分情况下是没用的。很多人生意一直做得差是因为没看懂生意的本质。比如，拿生活美容门店的生意来说，“连锁”的本质是赚店的钱，而“会所”的本质是赚顾客的钱。

第二篇

未来的竞争

老钱说，行业未来的竞争是平台与系统的竞争、系统与专业的竞争、专业与专业的竞争、组织与组织的竞争。

第三篇

美业四有新人

老钱说，美业四有新人包括：

1. 数字上有结果。

2. 行业里有专业。

3. 内心中有尺寸。

4. 关键时有朋友。

第四篇

创新在什么情况下有意义

老钱说，创新在以下几种情况下有意义，否则没有意义：

1. 符合未来行业发展趋势。

2. 符合用户需求，且用户愿意买单。

3. 符合企业产能可匹配的前提。

4. 能够独占，或者能够建立壁垒和保护、保障。

5. 符合企业基因的实际条件。

6. 怀有提高溢价、效率或提高竞争力的目的。

第五篇

主赛道

弟子问老师，为什么很多企业做着做着就死了？更多企业失败的原因在哪里？

老钱答：

很多失败的企业是不会变道的企业。

简言之，如果企业的主赛道是放在增量上，企业就容易成长；如果企业的主赛道是放在存量上，企业发展就可能停滞或者负增长；如果企业的主赛道是放在陈旧减量上，企业就容易消失。所以企业对于主赛道的需求、消费、技术、替代品的把控一定是与时俱进的；而当下客户价值、行业合理成本、企业有效规模和“有温度”的赢利在是主赛道上不会跑偏的标尺。

当然，经常会有些企业取得一些小胜后就迷失了赛道，你看他不懂敬畏、没有标尺，或讳疾弃医，或盲目扩张，或主观陶醉、好为人师，慢慢走向全盘皆输的结局。

第六篇

五个新思维

老钱说，新时代企业应该具备五种思维：

1. 品牌升级思维。

2. 定位向上思维。

3. 专业细分思维。

4. 业务数字化思维。

5. 组织年轻化思维。

第七篇

这样的高管离“下课”不远

老钱说，高管的八个“总是”，离“下课”就不远了：

1. 总是让领导看自己做了什么。

2. 总是去问领导为什么不满意。

3. 总是很委屈，感觉被领导冷落。

4. 总是有惰性，习惯于“躺”赢大盘。

5. 总是被提醒必须拘于某小节。

6. 总是情绪化，需要加入正能量。

7. 总是被指导应该如何去改变。

8. 总是被提醒应该学习和创新。

第八篇

老钱说帅

老钱说，帅才必须具有八大必备要素：

健康和勤勉、远见和卓识、大略和雄才 、厚德和载物。

第九篇

不满

老钱说，好领导要有三个“不满意”：对自己不满意，对下属不满意，对产品不满意。唯有不满，方知不足；唯有高愿，才能中意。

第十篇

高仿人才

老钱说，识人必修课——甄别高仿人才。高仿人才往往有“五太”合一的特征：才华太横溢，思想太灵活，头脑太简单，做事太跳跃，理想太远大。

第十一篇

领导者之心

老钱说，领导者应给他人以内心依赖，而非内心依赖他人。

第十二篇

保护自己

老钱对弟子说，我希望你们打开自己，把本性最真实的一面朝向阳光，即便有些灼伤，但皮终变厚，人会变强。相反，那些以“装”来保护自己弱点的人，躲于阴暗中不断变弱，时间久了不仅“脆”，还可能萌生贼心。

第十三篇

业态闭环

老钱说，美业区域王者战略往往采用业态闭环。业态定位闭环设计有“三按、三不按”原则：

1. 业态分布按用户年龄阶段定位，不按高、中、低端定位。

2. 业态划分按业态互补定位，不按业态规模定位。

3. 业态投资按主营业务放大定位，不按全部业务平均定位。

第十四篇

矛盾

老钱说，有些人入佛门六根不净，进商海狼性不足。一个经营者最大的悲哀就是自我矛盾和纠结，放之不下也拿之不起。而在别人看来，他则既是一个神棍，更是一个懦夫。

第十五篇

羞涩

老钱说，做人羞涩，囊中必羞涩。

第十六篇

大小

老钱说，企业不能“大锅饭”，也不能“小锅饭”。

第十七篇

优秀人才

老钱说，做大事要用好人才，好人才不是来自招募，而是来自你的内心。

第十八篇

煎熬

老钱说，“煎熬”在里面感受就是痛苦和折磨，“煎熬”从外面感受就是成熟和香气。

第十九篇

揪出僵化分子

老钱说，事无常师，企业长盛不衰的秘诀在于整体团队具有高速迭代的学习能力。所以，企业必须快速揪出那些僵化分子，那些靠五年前甚至十年前的经验和认知混饭吃的顽固分子，应马上打倒，不让腐朽形成和扩散。当一束光照在黑暗里，那么这束光就有罪；而当一点黑暗暴露在光亮之中，这点黑暗同样不能被容忍。

第二十篇

年轻化

老钱对弟子说，你什么都可以不信，但必须相信时间。从此刻开始，不要纠结和留恋，要坚定不移地走年轻化路线——领导干部年轻化、核心用户年轻化、知识结构年轻化、资源关系年轻化、精神状态年轻化。

第二十一篇

满意四级

针美汇创始人崔海茹说，用户满意度的层次分四级：一级满意，无他；二级满意，满意后又找你；三级满意，满意后又找你，并带来新用户；四级满意，满意后又找你，并带来新用户，同时不断地对每个人说你好。

第二十二篇

吹捧你的人

老钱对弟子说，凡是经常吹捧你的人，都是要蒙蔽和利用你的人，当你遇到这种情况时，警惕感要油然而生。

第二十三篇

这六类人离职率最高

老钱对高管说，人才入职第一看品格，然后再看其他，否则你这个管理者就是个糊涂虫，不靠谱。请记住这六类人离职率最高，他们都是耗你心神、费你银子的过客，对他们理应先斩后奏。

1. 自尊心特别强的人。

2. 没有耐性做小事的人。

3. 内心自我且特别骄傲的人。

4. 行为怪异且不合群的人。

5. 遇事推卸责任的人。

6. 对自己没有很高要求的人。

第二十四篇

有限人才实用主义

美美咨询总裁郭秀宽说，实用主义在短期内对企业的发展能够助力，长期来看，对企业的发展弊大于利。拿企业的人才结构来说，有行业经验但学历不高的人，当下就能拿到结果，但企业整体素质很难提升，会陷入发展的低维度循环。高学历人才对企业当下的助力不大，但沉淀下来就会历久弥香。采用有限人才实用主义，美业企业才能拼下一个十年。

第二十五篇
两种能力

老钱对弟子说，你们要有两种能力，一种是紧张的能力，一种是放松的能力。紧张的能力让你聚焦和达成结果，放松的能力帮助你思考及进行能量循环。

第二十六篇

时间是内鬼

钱浅弟子班教务主任董鑫说，如果你能与时俱进，不断收获复利，时间就是你的朋友；如果你因循守旧，裹足不前，时间就是你的敌人。

第二十七篇

弱者与强者

老钱对弟子说，同一件事情，弱者看到的是不公平，所以负能量大；强者看到的是好机遇，所以正能量强。

第二十八篇

傻开连锁

老钱说，今天讲一讲供给侧先行对美业连锁的意义，给那些傻开连锁店的美业老板醒醒脑。

1. 供给侧等于定差异化。

2. 供给侧等于提助销力。

3. 供给侧等于建利润源。

4. 供给侧等于升增长率。

5. 供给侧等于打自闭环。

6. 供给侧等于定门店型。

7. 供给侧等于稳持续性。

8. 供给侧等于控满意度。

第二十九篇

连锁标准化模型

老钱说，连锁标准化设计有六个模型要固化：

1. 用户画像、专业与品牌定位模型。

2. 单店赢利财务模型。

3. 业务流程模型。

4. 流量与接口模型。

5. 员工复制模型。

6. 连锁复制与扩张模型。

第三十篇

螺旋上升

老钱说，美业老板的工作聚焦螺旋上升通道十段论，看看你现在的水平在哪一段？

第一段：聚焦单一产品与技术优势。

第二段：聚焦销售业绩。

第三段：聚焦企业营销。

第四段：聚焦企业经营与管理。

第五段：聚焦企业文化建设与实施。

第六段：聚焦组织力与人才结构优化。

第七段：聚焦战略发展方向。

第八段：聚焦用户价值。

第九段：聚焦资源整合。

第十段：聚焦产品、技术研发及企业核心竞争力打造。

第三十一篇

诚

弟子问钱老师，何为待人以诚？

答："诚"是表里如一、踏实谦虚、持续始终。

第三十二篇

构想

美美商学院王兴刚院长说，世界上有想法的人比比皆是，但是大多都不会成功，有构想才是成功的关键。所谓构想，就是要有结构性的想法！

第三十三篇

终极判断

美美咨询总裁郭秀宽说，高质量的贡献关系比低质量的长时间陪伴更有价值。

第三十四篇

八型团队

美美咨询在企业战略定位中关于企业团队风格基因分析的八种类型：

1. 随机应变型。

2. 韧力调节型。

3. 军队执行型。

4. 消极进取型。

5. 时进时退型。

6. 过度膨胀型。

7. 过度管理型。

8. 变革完美型。

第三十五篇

三个“太小”

弟子问，我在经营管理中为什么没有硬度？老钱对弟子说，硬度不够主要源于三个“太小”——目标太小、责任太小、担当太小。

第三十六篇

低价

老钱说美业低价：

1. 没有大力推广的低价没有意义。

2. 没有足够产能的低价没有意义。

3. 没有高低联动的低价没有意义。

4. 没有成本能力的低价没有意义。

5. 没有价值支撑的低价没有意义。

6. 没有流量模型的低价没有意义。

第三十七篇

讲师与咨询师

美美咨询成立 16 年，老钱对教育与咨询从业者的个性修炼方向给出了指导：

讲师修外，强化个性；咨询师修内，去掉个性。

强化个性，让你充满魅力，气场强大，风格独特，知识丰富，互动强化。

去掉个性，让你放下感受，不偏不倚，理性深刻，逻辑超强，思维立体。

第三十八篇

自己拥抱变化

老钱说，不怕念起，就怕觉迟。在一个行业、领域、位置上，每五年要大“死”一次，每三年要小“死”一次。“自杀”——自己拥抱变化，这是重生式的；“他杀”——被外界迫使改变，这是碾压式的。而改变的尺度，普通的改变，你会变得普通；不凡的改变，你会变得不凡。

第三十九篇

什么改变认知

美美咨询总裁郭秀宽说：什么改变认知？

学习改变认知，圈子改变认知，落差改变认知，危机改变认知，事件改变认知，财富改变认知。

第四十篇

穷人习惯 vs 富人习惯

老钱说：

穷人的习惯是“不能少”，害怕的是失去与付出，能省则省，喜欢靠自己来解决问题，结果是越来越小气、贫困。

富人的习惯是“要更多”，关注的是投入与培育，当用不省，擅长借助资源的力量使众人行，结果是越来越通达、富足。

穷人习惯、富人习惯和当下有多少钱无关，而与认知的底层逻辑相关。不是因为你有钱才这么干，是因为你这么干了才有钱。

第四十一篇

圈层晋级

弟子问，进入更高阶的圈层，该如何融入？

老钱答，圈子改变命运，是很有道理的。每个高端圈层会有不同的分布状态，但个中人物都有六个共性资质：

1. 资产相近。

2. 智慧同维。

3. 资源对等。

4. 圈层叠加。

5. 艺趣相投。

6. 出身、经历或教育背景相似。

人以群分，靠实力不靠交际。你认识谁或者经常和谁吃饭是没有任何用的，能够影响他

才重要。

事实上，当你的某个结果显著后（即你的某一项硬实力已经达标），或者你的内心强大，足够他人攀附后（即你的软实力别人离不开），那你已经自动融入这个圈层了。

第四十二篇

看他一眼

老钱说，能小心谨慎地经营重要关系并能持续稳定好自己的情绪与状态，是一个高管内心成熟的重要标志，也是其与中层在业务之上的层面看一眼就分得开的最直观、最显而易见的区别。

第四十三篇

赚钱六段论

老钱说，我把一个人赚钱分为六个段位，由微至少，由少至多，由多至巨。

第一段：靠个人努力赚钱。

第二段：靠抓住机遇赚钱。

第三段：靠组织发展赚钱。

第四段：靠眼界格局赚钱。

第五段：靠持续壁垒赚钱。

第六段：靠实力红利赚钱。

第四十四篇

若即

老钱说，我们与客户之间没有距离即开始远离。

第四十五篇

关键站位

某领导者分享企业核心领导人的关键站位：

1. 团队一百人的时候，你要站在前面。

2. 团队几百人的时候，你要站在中间。

3. 团队一千人的时候，你要站在后面。

4. 团队几千人的时候，你要站在外面。

第四十六篇

伪勤奋者

老钱说，伪勤奋者具有五大特征：

1. 琴棋书画歌，占时间，玩物丧志。

2. 交际特别多，没啥用，自己开心。

3. 挑容易事做，死循环，安之若命。

4. 工作效率低，时间长，没有结果。

5. 不总结规律，无用功，盲人瞎马。

第四十七篇

三省

老钱说，“每日三省吾身”的“三省”具体要“省”什么？

1.“省”自己的思维，即反观自己在想什么，然后理性判断自己之所想。

2.“省”自己与他人的差距，从距离中找到成长的方向和途径。

3.“省”自己的行为，通过检查，慢慢找到尺度与边界。

第四十八篇

学什么

老钱说，一个人要努力遵循人生规律，不同的年龄段，学什么内容也不一样，学对了人生相对圆满，学错了容易拔苗助长或未老先衰。

18 岁前，学对考上好大学有用的；

19 ~ 30 岁，学对工作有用的；

31 ~ 40 岁，学对开阔视野有用的；

41 ~ 50 岁，学边学能边用的；

51 ~ 60 岁，学对别人有用的；

60 岁以上，学对生活喜好和对健康有用的。

第四十九篇

情商和智商

老钱说，情商能提升智商，智商会消耗情商。短期看，智商更重要；长期看，情商更重要。

第五十篇

三个驱动

美美咨询总裁郭秀宽说，我们的前途一定非常光明，道路一定非常曲折，所以我们必须兢兢业业、谨小慎微。基于战略，我们高管要有三个“驱动”：一是内驱动，二是外驱动，三是向上驱动。

第五十一篇

志愿

老钱说，志愿应该是“愿志”，人有愿才能有志，无愿者必无志。

第五十二篇

前方后方

美美咨询副总裁陈人宾说，特殊的成长周期，领导人前方、后方必须一起考虑。只关注前方，全出前手的做法是短线的行为，做不大；相反，过度关注后方，全出后手，是退缩、不负责任的行为，做不强。

第五十三篇

三把手

老钱说，小组织的三把手：

一把手做战略、做结果；

二把手做组织、做系统；

三把手做支撑、做协调。

第五十四篇

把握方向

老钱说，如果努力都不容易赚钱了，往往代表你做的这个事儿已经过时了，这时候你必须研究一下方向的问题。

美美咨询运营十七年，每年发布行业预测，期间依照趋势每半年优化一次咨询产品，每三年结合窗口期进行一次供给侧重大改革，特别关注的是泛美业的趋势和风向标。

方向不对，努力白费。

希望你多来看看，多和我们谈谈。

第五十五篇

细节决定品质

老钱说，细节决定品质，越微小之处越彰显层次，虽然这不是常人关注的。

第五十六篇

更近

老钱说，躲避风险与快速见效的本能令更多领导者的决策多趋于短线，但这也往往带来更大的和更近的风险。

第五十七篇

总裁必须都是产品经理

老钱说，每个企业的总裁都必须是产品经理，从结果来看，产品的终局取决于是你的思维影响了市场，还是市场环境影响了你。同时，只有企业自己主导产品，才会拥有自我；而企业被他人主导产品，就极有可能成为附庸。

第五十八篇

做斗争

老钱说，一家企业经营的全历程，就是其与成本、效率及创新之落后做斗争的全过程。其中，成本决定做多大，效率决定做多快，创新决定做多长。这三个问题是经营企业的根本。

第五十九篇

领导担当第一

老钱说，我们很多时候都要亲自把很多管理方法教给高管，但从结果看，一部分高管似乎管理水平并没有由此得到任何提高。究其原因，这类高管往往靠业务能力上位，个人却没有担当。你看其似乎成熟稳重，实际上，在领导岗位上就是个彻头彻尾的废物。

第六十篇

大相

老钱说，产品能不能做大，要看产品七相中的“大相”。所谓大相，是指对产品进行透彻分析后，所投射出的产品的量需、量产和量销的能力。

第六十一篇

用户价值标尺

老钱说，好产品的产品力所形成的用户价值标尺概括为六个字：排他、相信、满足。

1. 排他：不是选择间的比较和竞争，而是唯一的决定，甚至完全独占品类心智。

2. 相信：不用外力教育用户，产品自己会说话，自己能交朋友、获得信任。

3. 满足：用户体验不是达到预期，而是超越预期，达到满足和感激之程度。

第六十二篇

100 年的好产品

老钱说，好的产品基因是一贯的、持续的，甚至不受外界因素变化的影响。只有 100 年的好产品，少有 100 年的好企业。

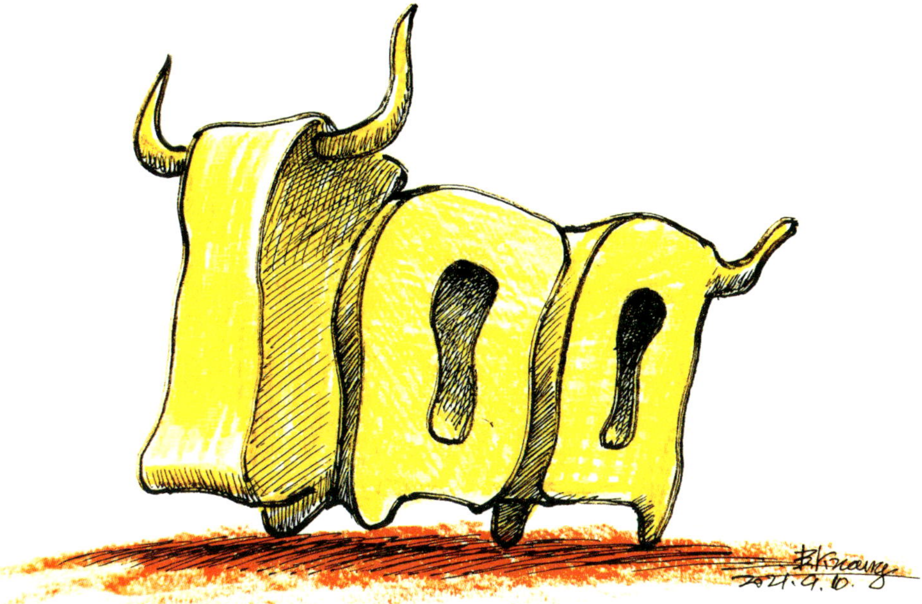

第六十三篇

明道立念

明道立念，就是产品要有一种精神，这种精神代表产品的核心价值主张，而这一主张是一般工业品与成熟商品之间的区别。

第六十四篇

竞争对手

老钱说，我们需要并一定要感谢竞争对手，因为竞争对手往往是我们自主创新和涌动斗志的来源。

第六十五篇

双线结合

美服网总裁吴悠说："你不去到未来，你就永远回不到过去。未来是什么？未来一定是线上线下结合，未来不存在纯粹的线下。"

第六十六篇

非稀缺

老钱说，不能把产品定位在对稀缺资源的依赖上，尤其是对优质的人力资源的依赖，因为这个产品定位的方向已倾向于企业发展天花板极低的服务。

第六十七篇

自卑所致

老钱说，有些人往往会对自己产品的优势和特点产生迷恋，不能站在产品之外看产品，甚至不能接受别人意见相左的评判。此状况多发生在某人因出身低微而自卑的情形之下。

第六十八篇

好过难过

老钱在“产品经理”的课堂上讲，一家企业的产品力最强时，日子很好过；而当该企业的营销力最强时，日子开始难过。

第六十九篇

安于现状

美美咨询总裁郭秀宽说，我们越恐惧的时候，我们越容易安于现状。也因为害怕失去更多，导致我们一定会失去更多。

第七十篇

实

美美咨询上海分公司总经理董鑫对上海分公司团队提出了美业四有新人的“五实”要求：

1. 踏实。

2. 扎实。

3. 皮实。

4. 闯实。

5. 结实。

第七十一篇

吃苦

美美咨询副总裁陈人宾说“吃苦”：你吃普通的苦，不叫吃苦，只算辛劳，做到以下四条才算吃苦。

1. 吃持续学习和改变的苦。

2. 吃深度思考和创新的苦。

3. 吃苛刻自律和行动的苦。

4. 吃低头装孙子和放下自尊的苦。

第七十二篇

五个维度

老钱说，产品升级空间有五个维度：

1. 产品第一诉求的升级。

2. 涉及本质改变的产品资质升级。

3. 跨越行业和品类的解决方案升级。

4. 专利、材质和性状的升级。

5. 多功能复合升级或单功能强化升级。

第七十三篇

替代

老钱说，真正的竞争不是对比，而是替代，一种没有翻盘机会的替代。

第七十四篇

设计频次

老钱说，改变产品应用频次的最佳途径是改变消费、体验与使用场景，这些都是好产品设计的重要要素。

第七十五篇

流失

老钱说，短线的领导者很少会从长线的角度来审视、纳入和塑造一位下属员工，这是其团队成员持续流失的关键原因。

第七十六篇

珍惜组织

老钱说，一方面，组织规模不大，缺少成员，组织的愿力会变小，虚弱无力，毫无进步的生气；另一方面，当成员离开组织，自己也定会失去巨大动力，变得封闭、平庸、唯利是图，忘掉很多责任。

所以，无论是一个领导者还是组织中普通的一员，都应该珍惜组织，珍惜这个让我们得以发挥、放大的平台，珍惜这个能力与资源互补的能量场，珍惜这个让我们彼此促进、成长进步的空间，珍惜这份多年沉淀而来之不易的情义。

当然，也会有很多人对组织毫不在意，将自我的感受凌驾于一切之上，轻视、背离甚至伤害组织。而对于这些人来说，也许在其未来漫无目的的职业流浪中，用余生的痛苦和迷茫才能深刻认识到“沉淀与合作对于个体至关重要”这个道理。

第七十七篇

服务标准

老钱说，检查增值服务的标准就是看产品是否溢价或用户是否复购，否则，增值服务只是增加了成本，并未起到设想中的作用。

第七十八篇

口碑

老钱说，黏性创造口碑，而非其他。

第七十九篇

前中后

老钱说，绝大部分美业企业都是售中思维，而与这些企业比较来看，那些规模更大或更先进的企业则是倾向于售前思维或者售后思维。

第八十篇

运营七步

老钱说，医美运营渠道有七步：

1. 渠道导入。

2. 渠道规划与管理。

3. 建立 C 端流量接触点模型。

4. 进行咨询初级转化与前端客服。

5. 进行咨询深度转化。

6. 进行医院交付。

7. 进行后端客服与用户循环复购。

第八十一篇

靠谱

老钱说，别人对你付出的程度和交往的方式所不同的原因多源自你靠不靠谱。靠谱，其实就是让人放心托付的能力和人格。靠谱是要坚守的，一次不靠谱，毁掉万次靠谱。想做人靠谱，要牢记三十二个字：

1. 言出必行，吃亏死扛。
2. 忘舍记得，有尺有寸。
3. 有交有待，把事当事。
4. 圈子封闭，做人不作。

第八十二篇

工作面相

老钱说，以下工作“面相”供各位管理者进行自我审视，以及审视团队成员。正相如此，反相亦然。

你的笑容反照你对工作是热爱的；

你的眼神揭示你对探索是好奇的；

你的眉头暴露你对难题是深思的；

你的下巴反馈你对组织是谦逊的；

你的表情反映你对客户是友好的；

你的肢体代表你对伙伴是接纳的；

你的声调听出你对未来是坚定的。

第八十三篇

前提

老钱说，识人、观人、断人，前、中、后的好眼力是你选拔、任用、激励、培养、改造、授权、重用、提拔人才的前提。如果你对此还未特别关注，那只能证明你的组织能力最多只是个主管水平，现在能爬上重要领导岗位，只因这家企业起点太低，你进来较早。

第八十四篇

上升下降

老钱说，我们可以这样来判断：

什么是你的上升期，就是你想法与目标很多，但感觉自己能力不足的时候。

什么是你的下降期，就是你想法与目标很少，却感觉自己什么都能干的时候。

第八十五篇

输给什么

老钱说，作为企业顾问，我见过太多的英雄迟暮。总结下来，主要有以下八类：

1. 能力输给趋势。

2. 心态输给体力。

3. 创新输给体制。

4. 聪明输给胸襟。

5. 勇气输给环境。

6. 博弈输给运气。

7. 情怀输给苟且。

8. 品牌输给封闭。

第八十六篇

战略控制点与利润保护力度

老钱说，你拥有的战略控制点越多，战略指数越高，对利润的保护力度就越强。利润保护力度可分以下四个等级：

一级利润保护力度（高）：

——战略指数 10：拥有标准。

——战略指数 9：管理价值链。

——战略指数 8：一系列产品占据超级优势的地位。

——战略指数 7：拥有良好的客户关系。

二级利润保护力度（中）：

——战略指数 6：拥有品牌、版权、专利。

——战略指数 5：两年的产品开发提前期。

三级利润保护力度（低）：

——战略指数 4：一年的产品开发提前期。

——战略指数 3：拥有 10% ~ 20% 成本优势的产品。

四级利润保护力度（无）：

——战略指数 2：销售团队较大，销售常规、平价商品。

——战略指数 1：具有良好通路，但产品处于成本劣势。

第八十七篇

老板疲劳症

老钱说，大美业发展40余年，好多美业老板都患上了“老板疲劳症”——由企业老板倦怠传染至组织倦怠，组织发展的后劲严重不足。可见并不是人人都可以做领路人，这除了有品德、格局、战略视野的问题，还难在永葆青春活力和创业激情，难在如何战胜疲劳和厌烦。在事业的道路上，唯有用热爱战胜恐惧，用理想与自己的人性弱点做斗争，用责任与组织的黑洞做斗争，用强烈的使命感与自我成就感、与疲劳做斗争，企业老板才能成为带动企业进步的永动机。

第八十八篇

一时风光

十八年来，老钱看到很多美业企业如太阳般崛起，又如流星般陨落。究其根本，失败的本源在于缺乏一个持续、健康的企业文化体系。这些企业的创始团队只是关注能不能赚到钱，自身是否有足够的资源，是否拥有新技术或者新专利，是否具备强大的销售能力和拓展能力，这些都未曾考虑过，只是急于扩张，急于成功。这些企业规模虽然瞬间膨胀，团队精神、企业文化却如巨婴般幼稚可笑。由于没有企业文化，导致企业制度零散而破碎，缺乏延续性和稳定性，从老板到团队都没有明确的价值观，团队缺乏向心力，只看钱，一轰而起，自然一轰而散。所以，企业没有强大的文化内核支撑，就不具备持续发展的能力，注定其只能一时风光。

第八十九篇

借鉴

老钱说，以下是1998年IBM为华为企业做的管理诊断结果，它对当下的很多企业具有借鉴作用。

1. 缺乏准确、前瞻的客户需求关注。

2. 反复做无用功，浪费资源，造成高成本。

3. 没有跨部门的结构优化流程。

4. 各部门的流程之间靠人工衔接，运作过程割裂。

5. 各部门存在本位主义，各自为政，造成内耗。

6. 专业技能不足，作业不规范，工作依赖难以复制的英雄。

7. 项目计划无效，实施混乱，无变更控制，版本泛滥。

第九十篇

不抛弃，不放弃

企业想要获得长远的发展，要获得更为持久的赢利，就需要保持企业的活跃度与生命力。而提升生命力的最佳方式就是定期为企业注入新鲜的血液，吸收新人的同时必须淘汰一批落后的员工，这样才能实现人才更替，才能实现内部的人力循环。

老钱说，新时代的企业怀着勇攀高峰的精神，不抛弃、不放弃的应该是在企业内积极进取、全力以赴的同路人，而不是让企业成为养老族、安逸族、躺平族、抱怨族的温床。企业要存续，要对更多的人负责，必然要淘汰那些不合格的员工，心要慈，刀要快，即使过程中带着悲怆，也该决断。

第九十一篇

艰苦奋斗

思想上的艰苦奋斗是勤于动脑，行动上的艰苦奋斗是吃苦耐劳。

老钱认为，从事服务业，不提倡艰苦奋斗是不行的。对于任何一家优秀的美业企业来说，赢得顾客的信赖不仅要依靠良好的工作态度，还要依靠艰苦奋斗的工作作风。艰苦奋斗的前提是能够为顾客解决问题，艰苦奋斗的过程就是坚守初心的过程。恪守诚信、务实的价值观，聪明而灵活的头脑，出色的应变能力，脚踏实地、勤勤恳恳的工作作风，这就是艰苦奋斗的员工的画像。

美业人需要永远强调思想上和行动上的艰苦奋斗。

第九十二篇

疫情之下

老钱说，2021 年新冠疫情仍星星点点，对很多企业的经营产生了影响。疫情之下，是每一个创业者对初心的拷问，更是企业韧性决定持续性的分水岭。站在这个分水岭上，强者和弱者、老板的心态和行为将在团队的注视下一目了然。

第九十三篇

医者不自医

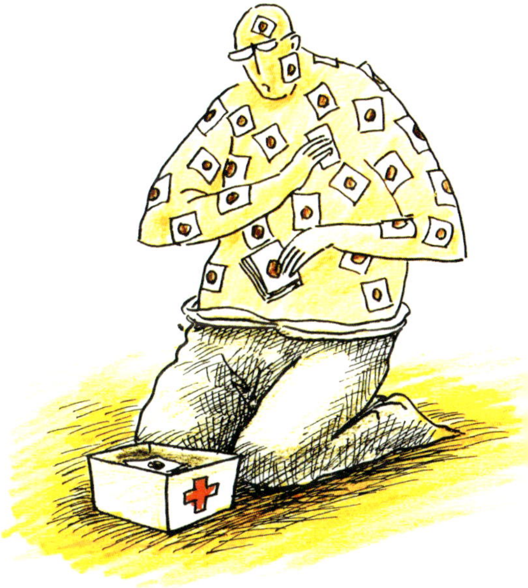

医者不自医的道理相当于“旁观者清”。医生在医治别人的时候，不容易带进主观因素，因此能够很好地保持客观、冷静、理智的态度，而当自己生病时，就不能站在一个医生的角度看待自己了。

许多美业老板知道自己的企业有“病”，要么问“病友”，要么自己治。老钱认为“病友”和你的定位、体质、体量都不一样，对方的蜜糖可能是你的砒霜。自己“治疗”只会是草草了事，或者小打小闹；即便发动高管一起参与“诊治”，但都是利益相关者，注定不客观，屁股决定脑袋，必定先保全自己。问题永远只找容易的解决，永远摸着石头过河，摸不到石头的深水区肯定不碰；只会是讨论讨论再讨论，开会开会再开会，至于某些难点、老大难问题，会一直存在下去，直到沉疴泛起，久病难医。

第九十四篇

低情商

为什么觉得一些“高质量人类”情商很低?

老钱说，智商琢磨事，情商琢磨人。“高质量人类”都是在某一领域取得重大成就或者真正实现财富自由之人，这类人情商、智商一定同时在线。如果一个真正高智商的人在你面前表现得情商很低，那只能说明你不重要，不值得他琢磨，或者以你的情商误判了他的情商。

第九十五篇

精神激励

所有的企业都认为精神激励很重要，老钱认为，精神激励不是发几块牌子、几本证书，或者颁几个奖，上个荣誉墙、光荣榜。对于优秀的员工来说，最大的精神激励是能够跟随企业做一番有前途的事业，而他被授权去做未来领先的创新业务。

第九十六篇

徇私是你管理权威的天敌

老钱说，徇私是管理权威的天敌，很多领导者领导能力丧失的直接原因就是徇私。所以，领导者必须时时警惕并深刻地自我反省。下面我列举几个常被领导者忽略的徇私行为：

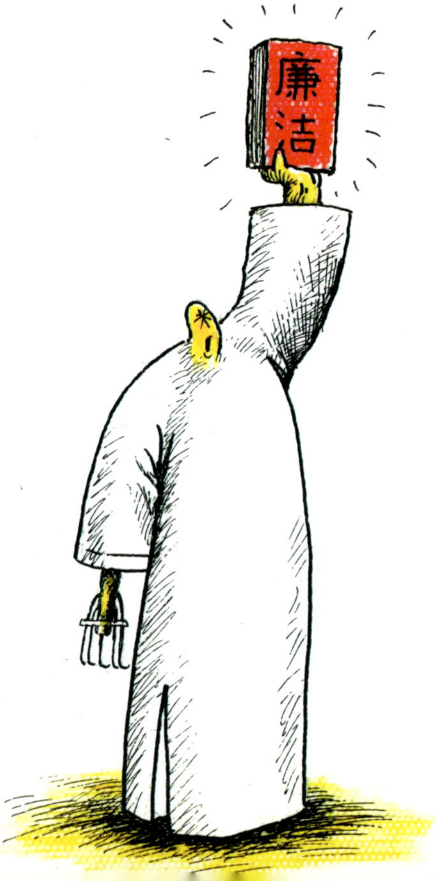

1. 对待下级厚此薄彼，肥差分给关系好的，烂摊子分给关系差的。

2. 在责任分配上不能一碗水端平，对家属与亲友进行保护，领导者主动去减轻他们的压力和负担。

3. 私下占公司便宜、贪污，或通过权力将绩效好的板块偏心划归与自己关系好的人，引发所属团队趋向自私自利，只求短线。

4. 和自己关系较好的人出了纪律问题时，不能公正严明地处理。

5. 把家里的事安排到最优先的次序，当与重要工作发生冲突时，以家里的事为先。

6. 搞封闭主义、小团体主义、山头文化，自封老大，口出狂言。

第九十七篇

先开一枪，再打一炮

“先开一枪”就是在不同的赛道、赛段开展研究，探索中只有试错，没有失败这个词。而当感觉到可能会有机会突破时，那就“再打一炮”试试。只有当你觉得有了七成把握时，才能火力全开，密集投入。老钱说，当企业的最小当量模型没有通畅运作时，你得先控制好自己的节奏与贪念。

第九十八篇

创新

老钱说：创新的前提是自信，自信才会高能，高能才会自主，自主才会创新。

专业力不够或者对当下迷茫的本质是不自信——对企业不自信，对文化不自信，对自己不自信。

第九十九篇

领先

何谓领先？

老钱说：领先型企业需要做好两个方面：

一方面，保持传统业务的领先性；

另一方面，持续革新，颠覆传统业务。

第一百篇

掉坑里了

老钱说，许多企业的高管都在自己的思想里挖了 10 个坑，有了这些坑，他就早晚要掉坑里，葬送自己的未来。以下这些词，是他们思想中“坑”的影子，代表他已经不再拥有奋斗精神，正处于颓废的状态。

1. 上岸。

2. 财富自由。

3. 躺赚。

4. 马上暴富。

5. 抓住机会，搞一把。

6. 别人太容易了。

7. 提前退休。

8. 疫情原因。

9. 经济不好，行业不好。

10. 都是企业的问题。

第一百零一篇

组织涣散

老钱说，领导者的领导力不足会导致组织涣散。组织涣散有六种集中表现：

1. 臃员定律。

2. 竞低文化。

3. 追求短线。

4. 守旧势力。

5. 山头主义。

6. 组织分裂。

第一百零二篇

标准业务

老钱说，虽然很不容易做到，但一家企业运营稳定的根本在于标准业务的实现。标准业务由五个部分构成：业务定位、标准业务赢利模型、业务流程、业务组织模式、业务流量开发。

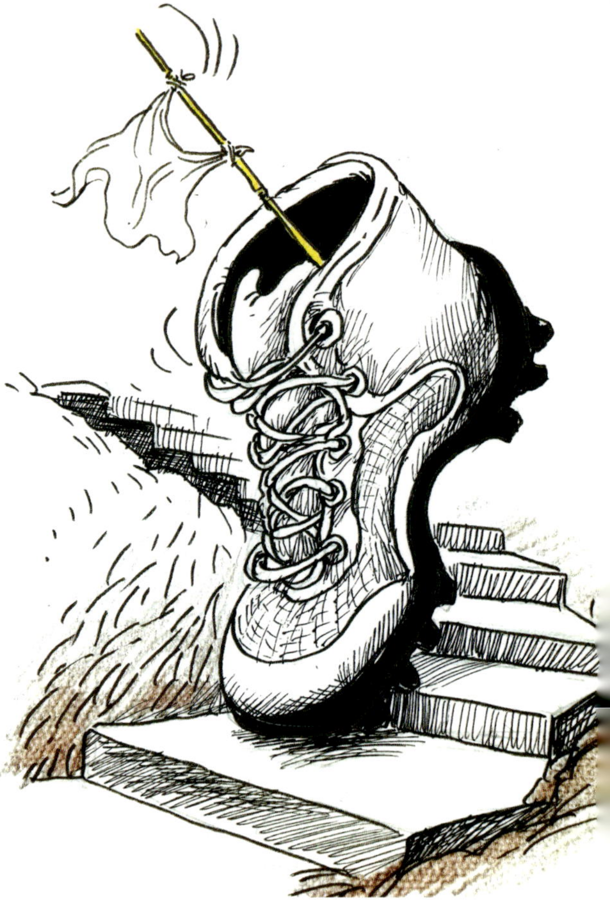

第一百零三篇

隐藏的

老钱说，毁掉攀登者的不是高山，而是鞋里的一粒沙子，这粒沙子就是在外部环境压力下，每个人内心深处隐藏的选择甘于平庸或企图逃走的那种想法。

第一百零四篇

正反

老钱说，团队中的人就是：你没把他带好，就一定会把他带坏，绝对没有中间状态。

第一百零五篇

去"五气"加"一斗"

老钱说，绝大多数人即使一心一意地一辈子只做一件事情，到最后都没能做好。所以对年轻人来说，很多人常把好高骛远的投机当成一飞冲天的捷径，并由此心态进入迷途，最后一生也成不了事儿。与普通的同龄人完全不同，我看过很多杰出的年青人，他们身上去了"五气"，加了"一斗"，皆有大成。

“五气”：

1. 娇气：经不起摔打，受不了挫折，吃不了苦，受不了气。

2. 怨气：有问题都是别人的问题，自己永远是受害者，在抱怨和嫉恨里面走不出来。

3. 傲气：看不见环境的改变，听不得反对的声音，顽固守旧、脱离群众、一意孤行。

4. 躁气：小事、慢事、传统的事瞧不上、看不起、不屑做，干就要一飞冲天，干就要快速暴富，干就要轰轰烈烈。

5. 懒气：总想少干活，多挣钱；少学习，多钻空子；少找方法，多省心。

“一斗”：

专心致志做好一件事，并把不断努力和艰苦奋斗当做工作和生活的常态。

第一百零六篇

压力和能力

老钱说，美业仍旧具有很大的上行空间。2020 年，中国化妆品品类增长 178%，位列非刚需生活品增长第一位，生活美容专业线复合增长率 12.80%；德勤报告医美复合增长率 17.80%，同样保持两位数的高增长；美业总产值规模 1.5 万亿元。美业不会消失，2021 年美业逆势增长的企业不胜枚举，相信在 2021 年消失的只是那些没有竞争力和没有忍耐力的企业和个人。

无压力，不成长；坚持住，有奇迹！

有些老板被疫情吓破了胆，面对压力选择放弃或龟缩。我们应对环境的压力，只有一条道路，那就是通过快速学习提升自己的能力。企业不可辜负，团队更不可辜负；顾客不可辜负，未来更不可辜负。

第一百零七篇

Z 世代

老钱说，Z 世代顾客想要什么？

美业老板要记住这八个方面：

1. 高颜值。

2. 潮品牌。

3. 黑科技。

4. 快时尚。

5. 好效果。

6. 懒宅萌。

7. 二次元。

8. 自主张。

第一百零八篇

先让自己精彩

美美咨询总裁郭秀宽在“总裁情商”课上讲，只有先让自己精彩，我们才能与世界相爱。

第一百零九篇

领导魅力八部

老钱说，领导魅力能够形成很强的感召力。领导魅力由八部分、128字构成，大家可以自我对照学习：

第一部分，雄心壮志：理想远大、信念坚定、更高目标、持续进取。

第二部分，法无定法：掌控资源、活用政策、商业创新、足智多谋。

第三部分，自我牺牲：鞠躬尽瘁、克己奉公、责任担当、艰苦朴素。

第四部分，激情自信：敢于冒险、乐观主义、争强好胜、慷慨激昂。

第五部分，激励鼓舞：嘉许肯定、荣誉至上、分享钱财、激发热情。

第六部分，果断决策：洞察规律、善于决断、把握先机、打破边界。

第七部分，人格特质：道德高尚、真诚善良、开放包容、豁达幽默。

第八部分，关怀付出：体恤下情、解决困难、谆谆教导、情感链接。

第一百一十篇

小事大事

老钱说，“方法只能解决小事”，当有一天你懂了这句话，证明你可能已经在做大事了。

第一百一十一篇

写在腾讯 99 公益日

老钱呼吁美业人积极参与公益活动。慈善是救助别人，公益是救助自己，因为公益是一颗饱含善良与爱的种子，是人性中最蓬勃的力量，薪火相传，生生不息。让我们不做冷漠的旁观者，让我们一起用点点滴滴的爱使世界变得更加美好！

第一百一十二篇

价值周期

老钱说，如果你想持续成为行业里的头部企业，那么，你企业的目标就要从销售业绩转移到能够为每一个企业触及到的人创造价值上来。如果不能为触及到的人创造价值，你的企业即使当下风光，也可能处于价值衰退期，注定不会持久。

第一百一十三篇

小老板“小”在哪里

老钱说，美业里小老板“小”在哪里？“小”在他们的思想与行为。一般来说，主要体现在以下九个方面：

1. 没有梦想。所以不敢加大投资，只是谋生。

2. 过早满足。觉得自己在小城市、小地方已经丰衣足食，所以不想改变。

3. 封闭保守。要求员工学习，自己不学习，对新生事物视而不见，只凭经验。

4. 做人吝啬。对人才小气，舍不得花钱。要求员工要懂得感恩老板，自己却不感恩员工。对顾客小气，对朋友小气，对学习投资小气。

5. 行为短线。只看眼前，投机取巧，急功近利，前倨而后恭。

6. 低级勤奋。觉得吃苦耐劳才实际，爱做小事，怕做大事。

7. 不会务虚。只会务实，相信方法和工具的力量，不相信企业文化对组织的力量。管理水平不足，把团队成员带得很敏感、脆弱、低能量。

8. 小圈子当老大。愿意找比自己弱的当朋友，只习惯依靠自己或同业好友的经验来解决问题，不愿意花钱寻找外援去解决问题。

9. 只想自己好。不会为别人的成就喝彩，缺乏助人共好的心态，导致时常孤立无援。

第一百一十四篇

B2B 的三个阶段

老钱说，B2B 的发展历程大致经历了三个阶段：

第一阶段是信息平台 + 撮合交易。

此阶段会出现平台发布信息滞后、撮合交易市场中创造的价值有限、赢利能力很差的现象。

第二阶段是商品平台 + 自营交易。

即平台通过买卖来控制交易，本质上是把信息流、资金流和物流进行三流合一，但是信息流的价值仍然不突出。由于对产业链的数字化改造有限，无法真正把产业链梳理清楚，因此经常出现和竞争对手互为上下游的混乱局面。

第三阶段是端端链接 + 商品标准 + 柔性供应。

能够达到第三阶段，就真正为产业链创造了智慧价值。

第一百一十五篇

过了雪山，就是延安

从最坎坷的经历中寻找积极的意义，从最严峻的考验中汲取力量和智慧，是优秀领导者的重要品质。

老钱说，企业家是一个充满理想的孩子，内心要永远阳光，永远乐观向上。越是处于逆境之中，越没有沮丧的权利。即使对结局没有必胜的把握，也要把信心传递给组织内的每一个成员。当前路朦胧、混沌无法辨别方向时，领导者要把自己活成一束光，引领团队前进。

绝不敷衍，脸上要布满笑容，内心也始终相信——过了雪山，就是延安。

第一百一十六篇

士气

当团队士气不振的时候，任何巧妙的战术都不能使其获得胜利。

老钱说，企业运营成败的决定因素，不在于客户、天气、时节、市场等客观因素，而在于团队内心的火焰。业绩的损失是物

质层面的，可以通过其他路径去弥补；希望的丧失是精神层面的，如果精神被击垮了，再多的物质奖励都没有用。

所以，作为企业带头人，我们要精心培育团队的士气，带领团队在不同的战场上去获得胜利，推动士气高涨！

第一百一十七篇

影响效率的因素

老钱说，影响企业效率提升的三个最主要因素是硬件因素、软件因素和环境因素。

1. 硬件因素：经营场所及配套设施，项目所用到的仪器、设备的性能情况等。

2. 软件因素：企业内部的业务流程、管理流程、运营状况、技术水平，产品力、品牌力、组织力、组织成员的能力等级，领导者与员工的思想素质及工作作风等。

3. 环境因素：政策环境、行业环境、制度环境及工作流程中的人际关系环境等。

第一百一十八篇

结交

老钱说，人和人之间的长期关系都是靠小事链接和维系的，不是靠大事儿。所以，那些关系牢固的人，都在彼此小事的处理上更加周全、谨慎和尊重。

第一百一十九篇

关于读书

弟子问老钱：我想进步，可是不知道如何读书，以及读什么样的书。

老钱说：读书可以开阔视野，丰富阅历，进而探索人生的意义和价值，是实现梦想的一个手段和途径。就读书而言，最好选择和自己价值观相似的书籍来读，这样有故友相逢的亲切之感。至于读书的方式，老钱建议按照以下三个步骤：

1.泛读：拿到一本书先看目录，然后泛泛地浏览一遍。

2.精读：如果有自己喜欢或实用的章节，可以细细阅读，慢慢品味。

3.复读：就是把一本好书中的精华部分一遍遍地阅读，细嚼慢咽，贪婪地吸收知识的营养，最终为己所用。

如果没有自己喜欢的文字和内容，建议马上送人，然后再来一本。

第一百二十篇

反馈

老钱说，领导者的反馈能力是领导工作中非常重要的一环。

反馈分为三类：欣赏、指导和评价。

1.欣赏性反馈，就是我们大部分人认为的积极反馈，也可以理解为表扬、认可、嘉许。当你向员工表达欣赏时，就代表你认

可员工的行为、努力和个人品质，认为员工所做的能给工作和团队带来益处。

2. 指导性反馈，旨在帮助他人适应、转变、学习、成长及方法明确。

3. 评价性反馈，是一种能让对方知道自己现状的反馈形式，可以是排名、评级或同行间比较，也可以是批评和正式谈话。它能让员工清晰地认清自己的现状，不骄不馁，思想坚定。

第一百二十一篇

风口

如何判断你是否站在风口？

老钱说，如果你每天早上起来一睁眼，就有回不完的信息、忙不完的业务、谈不完的合作、陪不完的酒局、定不完的排期，这证明你站在了一个风口上！

所以，辛苦的时候别抱怨，珍惜此刻就是你人生中最风光的时刻，你要全身心地享受它！

第一百二十二篇

下一个不会更好

老钱说，下一个不会更好，如果你上一个也没有做到很好。

第一百二十三篇

不投机是转机

投机也会有收获，可是所有的投机行为，一定会在另一个时间点上付出非常惨痛的代价。

据老钱观察，美业近年来投机者越来越少，因为急功已经不能带来近利。不能再利用信息不对称来赚钱，必须老老实实地打磨自己的产品、专业及服务，必须经过长时间的积累沉淀，做到厚积薄发，才有可能抓住机遇，为客户创造价值。不投机，这是行业正本清源的好兆头，是行业真正的转机。

第一百二十四篇

用试错的心态包容创新

李小龙说，我不怕练过 10000 种腿法的人，我怕的是一种腿法练 10000 次的人。

老钱说，我们要用试错的心态包容创新，仅重复 10000 次旧的动作是没用的，只有经过试错系统规划的、有方向和目的性的、有策略的和总结的，有反思的和及时纠正的 10000 次业务试验，才有可能创新成功！

第一百二十五篇

人在业务之前

老钱说，美业的老板们往往关注业务，先考虑业务，再考虑用人问题，不管人行不行，反正市场不能丢。因此，很多企业在扩张期开始拔苗助长，今天的美容师可能就成了明天的店长，今天的市场部经理可能明天就变成了一个省级医美机构的负责人，也不管人才和岗位是否匹配，只要这个人看着顺眼，对企业忠诚即可。最后的代价就是鸡飞蛋打，岗位没挺起来，人也跟着废了。

所以，高明的老板总是把组织人才建设放在业务之前，先找好人，再做事；先搭台，后唱戏。尤其后者，先搭建起的具备顶层设计架构的人才培育体系这种看不见的力量，才在后面挺起了企业的高效运营和高速发展。

第一百二十六篇

野心 vs 雄心

雄心是一种理想，是一种积极的进取精神，不会有不好的事掺杂在里面，不会伤害到其他人。

野心是一种抱负，是一种原始欲望的升级，经常会不择手段地达到目的，往往会伤害到其他人。

老钱说，做事业有雄心最好，有野心可以慢慢用高尚的价值观约束、同化，最怕的就是没有心，无欲无求，没交没待。

第一百二十七篇

小白兔画像

老钱给“小白兔”员工们画了一个像，因为很多“小白兔”不知道自己的长相。

1. 态度很好，与人相处融洽，团队意识也不错，但是能力很差。

2. 上班稍微努力点就觉得企业不公平，自己遇到点困难就抱怨环境和公司。

3. 领导不下指令，自己就无所事事，保持不动，不干实事。

4. 辛苦加几天班就担心自己会过劳死。

5. 取得一点点进步马上就要犒劳自己，放个假。

6. 总是认为已经离开企业的人都比自己成功很多，非常羡慕。

7. 没有动力，从不渴望改变，只是极度渴望躺赢。

第一百二十八篇

尊重

老钱说，员工在一个平台工作，除了高薪之外，要得更多的是被尊重。无论是被行业尊重、同事尊重、家人尊重、朋友尊重还是被客户尊重，他所得到的体验和获得感都是物质所不能给予的。一旦员工体验过被尊重，那么这种美好的享受一定会萦绕心头。尊重产生自重，推动他肩负责任，不断奋进。反之，离开大的平台久了，一个人则很容易自轻，成功感、责任感和使命感的降低逐渐导致他投机取巧、混水摸鱼，最终泯然众人，趋于苟且。

第一百二十九篇

鸿沟

老钱说，理想和现实之间有一条深深的沟，这条沟叫鸿沟。你掉进去了叫磨难，你爬出来了是成长。我们的人生就是不断掉沟和爬沟的过程，很多时候，我们一直在为出身的鸿沟买单。有想法，没能力；有想法，没团队；有想法，没资源；有想法，没资金；有想法，没实现……

理想的鸿沟很浅，现实的鸿沟很深，但这并不影响我们拥有理想，并不断前进。

第一百三十篇

迭代

何谓迭代?

老钱说,高质量输入,高密度输出,高速度进化,谓之迭代。

第一百三十一篇

医美抗衰

艾瑞咨询提供的数据显示，2021 年医美抗衰市场规模超过 755 亿元。

老钱说，与传统医美侧重于直接效果不同，医美抗衰更侧重于可循环化的医疗级高保养。医美抗衰仍然是行业的风口和热点，是增量市场，上行空间仍然很大。如果想持续维持热度，那么医美抗衰的效果保持期、客户消费频次、医生操作技术与审美的不断迭代升级是影响医美抗衰消费决策的三大主要因素。

第一百三十二篇

专精特新

老钱说，新美业门店的未来在于“专精特新”，即门店具备专业化、精细化、特色化和新颖化。可能这些新美业门店的规模都不大，但拥有各自的独门秘笈，在产业链细分的赛段上拥有一定的话语权。想做好“专精特新”，老板们首先要摈弃规模崇拜，拒绝多元化诱惑，专注在细分领域建立竞争优势，要有耐心来做时间的朋友。

第一百三十三篇

企业中间层

做企业好像都不容易，顶层老板难，基层员工难。老钱说，企业里面其实中层最难，作为腰部力量，其对组织也最重要。

企业里面的管理者通常分为三层，而中层管理者负责承上启下的工作。对上级，中层是战略的执行者，是具体行动方案的制定者；对下级，中层是团队的负责人，是细节动作的指挥官，而且推进的过程中还要时刻关注节奏，把握好轻重缓急。中层，看起来有点风光，还被称为“领导”，但其实是每个单位最难过的一个层级。上有大领导，下有老员工，中有量的考核；要大权没有，要势不足；分配利润时是“雷锋”人选，出现问题时是背锅“大侠”。战战兢兢，如履薄冰，实在是典型的夹心饼干。组织正是因为有了强有力的中层，从而坚固、持续。

各位老板和高管，请关注、善待和珍惜你企业的中层。

第一百三十四篇

长期主义

很多人不理解长期主义，老钱的观点是：如果你做的事情需要在三年内实现，那么你将会与许多人竞争；如果你愿意用十年的时间实现，你就只与一小部分人竞争，这就是长期主义。学会长时间的等待与忍耐，不寻求短期的当下回报，就可以做到别人不能做到的事，这更贴近于长期主义。

第一百三十五篇

遇到困难时的六个心态

创业的道路上，有困难是常态，未来我们面临的压力一定不会少。老钱说，遇到困难时要有六个心态：

1. 越是困难越向前的拼搏心态。

2. 持续运动，保持活力的心态。

3. 以外驭内，寻求改变的心态。

4. 苦中作乐，永远年轻的心态。

5. 不投机、不涉险，稳中求进的心态。

6. 人和可胜天时的心态。

第一百三十六篇

数字经济时代

老钱说，资本、劳动和技术作为经济三要素的流动范围正在发生着变化，商业不再是时间和空间上的流动，更是线上和线下的流动。在数字经济时代，数字链和信息链已融入传统的价值链、供应链和产业链之中。随着数字经济高峰的到来，数字技术将会打破意识形态和文化信仰的壁垒，数字技术作为新的生产关系，将重构商业链条。在不久的将来，中国美业也会被数字技术洗礼，一批持老旧思想的企业将陷入困境；在数字化赋能下，一批能够驾驭智能化、互联网化的企业将欣欣向荣。

第一百三十七篇

2021 年十大方向

老钱说，在我们的专业服务下，很多客户完成了战略转型升级，但美业中还有很多企业对未来十分迷茫。时间不等人，2021 年美美咨询所倡导的“用服务推动传统美业转型升级”，现在到

了最后的窗口期：

1. 数字化升级方向：线上线下直播 + 内容打通，运营顾客不在店里的 340 天。

2. 中医转型方向：美容＋中医模式，将养生型生美连锁医疗化升级，将外卖做到营业额的 60%，将流量增加 100%，实现持续的倍数级增长。

3. 双美联合治疗皮肤科升级方向：皮肤科第四代模式；打通医美或生美单一流量、转化、复购、循环四大魔咒，将其完全融合，自建中央供应链，利润率可达 35% 以上。

历史性颠覆前三代：

第一代——“功效产品式”皮肤科；

第二代——“重光电＋玻尿酸式”皮肤科。

第三代——“重光电 + 成分产品抗衰式”皮肤科。

4. 城市地标超级会所升级方向：实现 5000 万元以上综合业态大单体，打造优势品牌、优势客源、优势硬件、优势团队、优势品项的区域顶端“五优”高效运营。

5. 美容美发连锁的双美双专的双独立化运营系统方向：将业态平行运营，创建横跨式、赋能式业务流程；打造“强美发＋强美容”的千万元店模式。

6. 渠道医美细分冠军转型方向：定位再造，将全面化普通营销发展到高竞争力的精细化典型营销，形成市场强势排他吸引。

7. 美容连锁赢利升级及组织裂变扩张模式方向：赢利再造，业务升级，使流量组织与大客户组织成为高壁垒必需。

8. 大客户深度开发与循环：在困难时期抓紧核心收入，稳定核心团队，创造非线性增长；在发展时期综合流量的压力与成本，使其成为流量加半存量定位的天赋性杠杆。

9. 企业组织发展重构升级：业务流程再造，架构重组，胜任力模型重塑，组织并行职级重构，岗位数字化工具重建。

10. 创新业态新连锁发展与扩张方向。

第一百三十八篇

流行与经典

流行，就是特定时期和特定群体中，具有高接受度、高模仿性的元素。

经典，就是大浪淘沙下依旧闪光的金子，是一种永不过时的流行。

老钱说，美业流行的品类和品项很多，每年以成百上千种计，

个中不乏有收割消费者智商税的嫌疑，“你方唱罢我登场”，搞得消费者眼花缭乱、应接不暇，结果是“门前冷落车马稀”。

流行的品类，经过时间的选择和沉淀，可以成为经典；而经典的匠心和服务，可以在美业一直流行。

第一百三十九篇

企业最高纲领

老钱说，活下来，活得久，就是企业的最高纲领。一般来说，活得久的企业往往具备以下四个特质：

1. 顺应并驾驭历史潮流和社会的发展趋势。

2. 柔性演变、优化企业转型升级或跨界融合的战略系统。

3. 产品或服务等核心竞争力能够持续放大和延展。

4. 具有极强的生存能力和坚韧的企业精神。

第一百四十篇

谁代言未来

老钱说，谁代言未来？

1. 肯坚持的人代言未来。

2. 专业性强的人代言未来。

3. 年轻人代言未来。

4. 拥抱变化的人代言未来。